LOS LABIOS DE LA NOCHE

Amador Fonfría Santín

Aliarediciones

Corrección: Eladia Guerrero
Diseño de cubierta: Mónica Morales
Maquetación: Aliar Ediciones

Depósito Legal: GR 89-2026
ISBN: 979-13-88058-57-8

Impreso en España

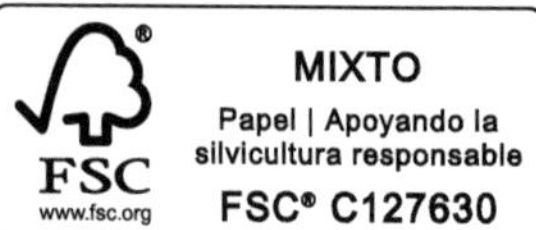

Edita
ALIAR Ediciones
www.aliarediciones.es
info@aliarediciones.es

LOS LABIOS DE LA NOCHE

Amador Fonfría Santín

Dedicatoria

A la memoria de
mis abuelos maternos, Jesusa y Manuel,
y a la de sus hijos M.ª Virtudes, mi segunda madre,
Carlos, más padre que tío,
y Aurora, mi madre.
Gracias por todo y un poco más.

Alguien dice a mi oído, con voz baja: —¡Escribe!...
Y yo entonces, llorando y sin saberlo, escribo
esas cosas tan tristes que algunos llaman versos.
Francisco Villaespesa

PRÓLOGO

Entre el dolor de una noche entrecortada con el murmullo de un sueño imposible, entre la mirada de un niño que desconoce la realidad que le rodea, entre la niebla que se entromete en la alcoba de dos corazones que se aman, entre eso y mucho más se encuentran los poetas. Porque de cada uno de ellos nace un verso imperecedero, un conjunto de palabras que albergan más fuerza que el mayor de los huracanes; pues el viento acabará cesando, pero sus obras han trascendido a su tiempo, atravesando decenios, milenios y universos todavía no escritos.

Gran parte del mundo literario que me rodea dibuja versos en cada latido, en cada mirada. Les observo con devoción; yo, que construyo novelas, pero que considero que la poesía me queda tan grande, siempre los he admirado. Y Amador Fonfría es uno de ellos. No sé qué deparará el futuro, tampoco quiero saberlo, ¿para qué?, si el futuro quizá esté ya escrito en un libro que jamás leeremos. Pero sí que sé que le seguiré leyendo con devoción. ¿Y sabéis el motivo? Porque es un poeta con todo su profundo significado, un poeta de la vida. *Los labios de la noche*, el texto que sujetas entre tus manos, es un perfecto ejemplo de ello.

Este libro hay que guardarlo donde se guardan las cosas importantes: en el corazón. Léelo, manoséalo y subraya una y mil frases, porque, estoy seguro, volverás a ellas varias veces. El mundo se construyó para vivirlo, la poesía para disfrutarla y sentirla; y Amador sabe mucho de ello.

Poemas y poemas que te llevarán hasta tu propio día a día. Letras que construyen palabras, palabras que construyen belleza y belleza que nos habla de la vida, de la propia vida, del amor y, con una remarcada sensación, también del dolor. Y es que el propio dolor forma parte de todos y cada uno de nosotros.

«El tiempo
ha fragilizado mi cuerpo»,

nos dice en *Amén*. El tiempo, el inexorable tiempo que nos transforma hacia un futuro eterno que muchos ignoran, que otros anhelamos. El tiempo fragiliza, como muy bien él nos subraya, a cada uno de nosotros. Pero no importa, el tiempo es tan solo la distancia entre lo vivido y nuestros seres queridos que ya no están.

Amador Fonfría también nos lleva hasta el amor. Todos hemos amado, todos y cada uno de nosotros, de una u otra forma, más o menos intensamente, más o menos sinceramente, pero todos hemos amado.

«Me desmorono,
pero no me arrepiento
de haberte querido».

Estos versos, extraídos del poema *Después del sol*, los subrayo en el profundo tatuaje de mi alma. Nunca, jamás, debemos de arrepentirnos de haber querido; nunca. Quizá no fue lo que pensábamos o incluso el amor nos llevó hasta el dolor de la punzante llaga de la traición; pero al menos, durante instantes que todavía recordamos, es posible que nuestro corazón bombee sensaciones con el ritmo de la más hermosa sintonía.

Y es que el amor, como él bien nos subraya en *Dónde estás*, tiene mucho de azar y encuentro.

«Nos encontramos
en la esquina de la casualidad».

Momentos no buscados que nos empujan a instantes deseados. Gloria por lo que imaginamos, mientras susurramos al deseo que nos conceda un instante, un beso que recordemos siempre. ¿Quién no recuerda aquel beso?

Estoy seguro de que seguirás el camino marcado por Amador Fonfría, nuestro poeta, porque de cada una de sus páginas y de cada uno de sus versos nacen increíbles conexiones con nuestras propias experiencias. No dejes de adentrarte en *Hasta aquí es para siempre*, y percibe la sensación de que el amor, el amado y la amada no conocen de reglas ni protocolos, sino del desconocido, irrompible y afortunadamente indescifrable sentimiento eterno que a todos nos une:

«No sé si fui el perfil
de tus necesidades,

la borrosa perspectiva
de tus sueños
o el aliento de tu alma;
pero nos amamos».

Del amor sabe mucho la directa punzada de la conexión sin mencionar palabra, el lazo que une a dos personas que se aman y que aman. Textos como el que se puede leer en *El último «te quiero»* nos llevan a ello:

«Nos leímos los pensamientos:
tú sabías lo que callaba,
yo lo que no podías decir».

El dolor puede que sea necesario, forma parte del libro de nuestra vida, escribe para nosotros capítulos tatuados en el alma que quisiéramos olvidar, pero que construyeron otro futuro en nuestro caminar, otra forma de ver el destino. Y el dolor, como os comentaba, es parte esencial de este poemario, donde versos como los que leerás en *Espacios* se hacen necesarios:

«Fuera
planean tormentas de locura.
No me queda tinta
para enterrar tantos nombres».

Me quiero despedir hablando de *El marco de mi vida*, donde me detengo unos instantes y trago saliva. Porque el poeta nos lleva hasta su padre, del que confiesa:

«Tientas tus fuerzas para levantarte y te agarro con el empeño de mis sentidos. Jamás te soltaré, papá. Quiero que la fragilidad
de tus pasos siga marcando
mi destino,
tu destino,
nuestro destino...».

Y estas simples palabras, con una profunda carga de amor y duelo por el futuro determinado, que no determinante, me llevan hasta mi propia historia y hasta la firme convicción del inmortal y perenne pilar sobre el que se sustenta el profundo sentimiento que une a un padre y un hijo.

Desconozco el caminar de mi vida, si me depara ocasos o amaneceres, no sé si la literatura forma parte de mis días o yo soy parte de la de ella, como también ignoro si en la sonrisa de dos personas que se aman se esconde la eternidad o la sensación de que algo se acaba de una forma hermosa. Pero no me importa, porque la poesía sé que me acompañará siempre, y poetas como Amador Fonfría y libros como *Los labios de la noche* formarán parte de mi vida.

Ruy Vega
Escritor

DE PASO

Tengo todo lo necesario para sufrir,
pero me consuelo escribiendo poemas.
Alejandra Pizarnik

Soy

Si yo no soy lo que soy,
parecerlo, ¿qué me vale?
Juan José Domenchina

Soy ese arbusto
clavado en tu pretérito
que siempre está talado
pero que nunca se seca.

Soy la esquina solitaria
a la sombra de una farola
a la espera de nuestro encuentro
de jóvenes enamorados.

Soy una hoja en blanco
donde,
en un arrebato de locura,
escribes
mi nombre junto al tuyo
con los besos de un cigarrillo.

Soy el nombre mudo
deslizándose por tus mejillas
cuando te entregas a otro.

Soy una isla desierta
varada
en el mar de tus delirios.

Los labios de la noche

A Inma

En el intermedio del ocaso
sucumbí
en el ondear azul de tus ojos
solo con mirarte.
Nos envolvió
el ardor de nuestros brazos
y el sudor del mar.
Los labios de la noche
nos susurraron nuestros secretos
y todos los lenguajes del amor.
Entre la nube de tu pelo
no sé si viví o soñé
delirios preñados de fuego.
Al despertar el alba
los labios de la noche
sonrieron mi felicidad.

El jardín de las respuestas

Desde que te vi
tengo el corazón lleno de tu luz.
Tu presencia
es una sombra sin alma
a mi alrededor.
Vivo en todas partes y en ninguna.
Me acerco a ti.
Tomo tus manos.
Mis ojos te lanzan
solo una pregunta
y tu silencio me insinúa
ninguna y todas las respuestas.
La mirada me crece
hasta el infinito de tu sonrisa
y en el jardín de tus labios
deshojo a besos
todas las respuestas
y ninguna.

Sevilla

Dulces días, dulces ratos
los que en Sevilla se gozan [...].
Miguel de Cervantes

A la sombra de un limonero
en las aguas del Guadalquivir
perfilas tu regia estampa
para contarles tus amores
a poetas y cantaores.

Detrás de una reja sin cerrojo
una joven encierra su corazón
en el pecho de un soñador
al romper los patios en flor.

Bajo el palio de una saeta,
tocada con mantilla y peineta,
entre lágrimas de cera
procesionan tus Esperanzas
hasta la rompida de la madrugá.

Lloras como nadie
y ríes como ninguna
el sentir de las gentes
de tu tierra sin par.

¡Ay, Sevilla, Sevilla!
¡Qué tendrás, mi Sevilla!

La primera vez

Tu sonrisa
enciende mi mirada
en la esquina de la tarde.
Acabo de verte
por primera vez
y ya te conozco.

El degradado añil del cielo
y el lunado silencio envuelven
nuestro virginal desnudo.
Entreabro la puerta del placer
ciego de felicidad.
No sabía si aquel impensable
era una realidad
o una mentira en medio de un sueño.
¿Qué mirarán tus ojos
al besarte los párpados?
¿Qué callarán tus silencios
al besarte los labios?

Anochece en mis pensamientos
cuando pienso que pronto te irás
y contigo llevarás
mi vida entera.

Presencias

Me oí decir en silencio:
«Ahí viene».
Mi presencia fue la bisectriz
del ángulo ciego
de vuestras miradas.
Mi corazón,
entre latido y latido,
necesitaba reposar
para seguir latiendo.

Bebí el último cáliz
y ya pensaba en la resaca
del próximo trago.
Alargué cada sílaba
de tu nombre
en la cárcel de mis labios
hasta que vuestra presencia
se perdió en el suicidio de mis sueños.

Hojas sin rumbo

Los cristales del relente
brillan hasta la llamada del ángelus.

El vuelo de las hojas
disimula el coqueteo
de nuestras miradas
y mi deseo de besar
el carmín de tus labios.

El cierzo de poniente
crispa el frágil olor
de las rosas marchitas
mientras en mi alma
florecen los pensamientos
al recordar a los ausentes.

La desnudez de la alameda,
empapada de llanto ajeno,
me unge el alma de morriña.

La tarde se recoge
mucho antes de la hora
en el álgido lecho de la noche.

Otoño;
belleza pura,
pura belleza,
hechizo de mis sentidos.

Marcas de ciprés

Ayer al verme
te aferraste a su cuerpo
y vuestros labios soldados
en un beso de ciprés
me desangraron.

Tu gélida mirada
me cristalizó el aliento.
Me adentré en mi noche
y la luna me vomitó
la silueta de vuestra pasión.

Me creció el apuro de vivir
y me apoyé en el vacío
para seguir adelante.

Hoy que vuestra aventura
reposa a los pies de un ciprés
sigues la estela de mi desdicha
suplicándome lo imposible.
El tiempo, *lucerita*,
ni es sospechoso de mentir
ni garantía de verdad,
te solté.

Estoy aquí

Vencí mis temores
y me acerqué a su necesidad.
Me detuve.
Arrinconada en el desaire,
la soledad le pesaba
en el estallar de las sienes.
Se me anegó el arcano.
Le tendí mis manos.
Estoy aquí, le dije.
Asintió varias veces.
Elevó su mirada hasta la mía
y se abrazó a mis palabras.
Asentimos sonriendo.

Solo tú

Mis pasos patinan
detrás de tu sombra.
En el vasto dominio de mis sueños
solo habita un pensamiento: TÚ.
En mi pecho ladea una llama
con la forma de tu nombre
a la espera de que tus labios
vengan a sofocarla.

La danza del deseo

Tus pupilas danzaban
de un lugar a otro de mi cuerpo;
se detuvieron en mi boca
y nuestras sonrisas
celaron los versos
de nuestras miradas
en el pergamino del viento.
Tu luz trazó mi deseo: acariciarte.
Mis manos recorrieron tu cuerpo
hasta estrecharte la cintura
y nuestros sueños volaron juntos
en la nao del placer.

El reencuentro

Al acercarse a mí
abrió los brazos y me detuvo.
El asombro de su mirada
y la euforia de su sonrisa
me petrificaron.

Mis ojos
no reconocían su cara
y mis labios
desconocían su nombre.
El silencio
agudizaba el misterio.
Ella asentía,
yo dudaba.

Sus manos
volaron a mis hombros
y sus dedos
me picotearon en la nuca.
Me susurró:
«Soy… la que por primera…».
Nos besamos
una y otra vez.
Caminamos
sobre los pétalos

de la desflorada rosa
de la juventud
para alargar la noche
como la primera vez.

Hasta aquí es para siempre

No sé si fui el perfil
de tus necesidades,
la borrosa perspectiva
de tus sueños
o el aliento de tu alma;
pero nos amamos
hasta que esa cuña letal
comenzó a entreabrir
nuestra relación.

Me arrojaste al vacío
culpándome de todos
nuestros desencuentros.
Aguanté un poco más
y otro poco más
para retenerte,
pero un día quebraron
todas las amarras del pasado
y te solté:
«Hasta aquí es para siempre».

Y me fui
con los ojos agrietados de sequía
y con el alma clavada de pena
tras los pasos de mi suerte

en busca del yo
que me aguardaba,
sin temor,
dentro de mí.

Espacios

Aquí
se baten mis miedos
en olas de llanto.
Templo el corazón.

Fuera
planean tormentas de locura.
No me queda tinta
para borrar tantos nombres
ni manos para enjutar los ojos.
Suplico al infinito.

Vuelo
en unas alas concebidas
al infinito de la luz
en busca del aliento
y de un amor
que me haga olvidar y recordar.
Suspiro.

Las palabras
son las lágrimas del silencio
en el verso de la noche.
Escribo…

Estacionalidades

Una rosa le florece
en los labios y en el cuello
y una gota de espinas
se pierde entre sus senos
hasta clavarse en su corazón.

Sus lágrimas y mi llanto
reflotan en la misma ola.
Las gaviotas voznan nuestros nombres
y pican las esquirlas de nuestro desamor
en la caleta del olvido.

Los crisantemos pintan
de dolor los cementerios
y asoman su otoñal delirio
entre las brumas de la muerte.

La luna se posa
entre las estrellas
y enciende la noche de pureza.
La desnudez de los chopos
afina silbidos de escarcha
sobre las notas del silencio.

El calor de la ausencia

En las entrañas de mi pueblo
el Adviento ya había terminado
quizás antes de empezar.
La huella de mis pasos
era mi única compañía
en el desértico lugar.

El céfiro suspirar de los robles
estremeció los recuerdos
de mi lejana infancia
cuando, en la esquina del escaño,
adornaba un pino
con bolas de papel
y coloridas cintas de trapo
desentonando un villancico.
Los míos me sonreían las gracias.

La luz de las farolas
teñía de amarillo
la pureza de la nieve.

El latir de un afecto lejano
parpadeaba en el móvil:
Feliz Navidad.

Apoyado en el quicio de la noche
escuché el amargo llanto
del viejo tejado
y el peso de la soledad.
Nadie llegaba,
a nadie esperaba.

El heredado cobertor azul
me abrigó la Nochebuena
un año más.

Sin noche, sin mañana

Me despides
con un borrascoso adiós.
Las horas
se alejan del reloj
y la vida de mí
cuando te mudas
a otros brazos
al crecer de la luna.

Me asomo
a la ventana del insomnio.
Tu nombre se yergue
entre tu sombra y mi ceguera
en las esquinas de la soledad.
Cada silencio
redobla en el infinito
de mi ausencia.

Quisiera foguear
en las llamas del alba
los hipnóticos recuerdos
de las noches perdidas,
pero nunca amanece.

Ausencia de luz

Nuestra pasión
venció montañas sin sol
hasta el fuego del crepúsculo.
Las cenizas enterraron mi alma
en el espejo de la oscuridad.
Las farolas inclinan la cabeza
en el socavado asfalto
de mi silencio.
Tengo el pecho perforado de soledad,
el hato vacío de sueños
y la mirada perdida en la utopía.
Teñiré tu ausencia
del color de tus ojos
porque sin ti
nada tiene forma ni color:
¡todo es eternamente gris!
Solo tú, mi amor,
lo iluminas todo y un poco más.

Suspira

La persigue
el inmanente goteo de un amor
que no le dejaron sentir.
Suspira…

Las agujas del destiempo
fijaron su nombre
en su alma vacía.
Suspira…

La incesante pesadilla
de su sombra
la desangra en silencio.
Suspira…

Las espinas de su nombre

Derribó una muralla de palabras
para asfaltar el verso
que lo acercara a su amada.
Se miró en el espejo del silencio.
Masticó las espinas de su nombre
y lloró en la brisa de un suspiro.
Desde la atalaya de su soledad,
recostado en el pecho de su ausencia,
desnuda su pensamiento.
Los sostenidos de una lira
lo adosan al dolor de la palabra
y al frío del desamparo.
Su vida intervenida de luz
palidece en la ventana del sol
a la espera de su regreso,
pero aunque nunca vuelva
ella siempre será
el aliento de su desaliento.

¿Dónde estás?

Nos encontramos
en la esquina de la casualidad.
Nos miramos al vuelo.
En tu entrecejo se abisma
tu camino y mi destino.
Mis manos nadan en sudor
en busca de las tuyas.
Mi boca arde
en la sequía de tu silencio.
Lanzo un suspiro al vacío
tan profundo como interminable.
Clavo los ojos
en la creciente bola
de tus reproches y mentiras
que acabó en nuestro final.
Y tú, ¿dónde estás?
En la sombra de la multitud
o, tal vez, en el vacío de la soledad.

El último vuelo

En las entrañas de un verso
cambié el verbo por tu nombre
para liberar mi dolor
al verte volar
en las alas de otras manos.
Me detengo
hasta que vuestras sonrisas
me fustigan el aliento.

Nada es para siempre

Solo mediaba un paso
entre nosotros
cuando nos vimos por primera vez.
Justo allí,
con años de mucha juventud,
comenzamos a trenzar
nuestros destinos
con la seguridad
de la plena confianza.

Desenterré la mirada
de sus promesas.
En sus ojos,
azogados de rutina,
no cabían más noches
para un mejor mañana.

Mis manos gravitaban
entre el vacío de las suyas.
Arrojé un gemido al viento.
Entorné los ojos
para no ver el daño
de sus palabras.
Aludió a una lenitiva sonrisa
y me espetó:

«Siempre te querré,
pero nada es para siempre».

Las horas vencidas

El remonte del alba
nos recordaba la hora de partir.
El hontanar de mis ojos
me amontonaba en el rostro
un caudal de tristeza;
aunque aquella noche de placer
no había olvido
que la pudiera diluir.
Jamás creí llegar tan alto
en el vuelo de los sueños.
Cubrí su cara de besos
una y otra vez.
Sus brazos estrecharon
de nuevo mi plenitud.
En el candor de su cuerpo
encontré la suerte de vivir.
Su sonrisa me dijo sin decir...
lo que quería escuchar:
«Nunca me separaré de ti», me susurró.

A escondidas

La palidez del sol
me acompaña mientras te espero.
La impaciencia retiene
las agujas del reloj.
Tus labios alargados
me sueltan un flameante «te quiero».
Te beso con el ímpetu
de la primera vez.
La medianía entre nosotros
es el roce de nuestros cuerpos.
Nos amamos a escondidas
de nuestras infidelidades
y nos prometemos reencontrarnos
en la travesía del deseo.
El momento arrinconado
en mi arcano
me bendice la dicha.

Estrecho tu ausencia
en su cuerpo.
Recuesto la cara
en el frío de la almohada
y le susurro tu nombre.

El último encuentro

¡Ay amor si tú volvieras,
amor de amor y de miedo!
J. Romero Murube

La incertidumbre del mañana
me cegaba tanto como mirar atrás.
Mi presente era un sinvivir
en las entrañas de la almorriña.

Pasaron más años que tiempo
y volví a tu encuentro.
La aspereza de tu silencio
contuvo mi desafío.
El tren ya había partido
mucho antes de llegar.
Pero tu sombra sigue siendo mi norte.

La voz interior

Entre las orillas
del subconsciente y la locura
escucho mi voz interior
y las raudas euritmias
de mis musas
en el infinito de la soledad.
Cierro los ojos
y sosiego el corazón;
cada latido encierra
un sentimiento,
una palabra,
un silencio…
en la plenitud de un poema.
El deshielo de las emociones
me emborrona el papel,
pero no importa;
la voz interior siempre escribe
las más bellas historias
de la vida.

Las horas oscuras

Las causas del día
sobrepasan la oscuridad de la noche.
El temor
muerde la médula del sueño.
El reloj
alarga el marco de las horas.
La soledad
me gangrena el silencio.
Tu ausencia
pernocta en mi almohada.
El alba
llora escarchas de diamante.
Tomo el primer café
y afronto el reto de seguir...

La cruzada

En mi pecho se baten
el fulgor del día
y el velo de la noche:
los dos pierden,
ninguno gana.
Se ahogan el uno en el otro
y en el mar de mis ojos
fondean sus desencantos.

El peso de otra felicidad

Cómo quisiera ser
eso que yo te doy
y no quien te lo da.
Pedro Salinas

Al verme
elevasteis las manos rodeadas.
Os sonreísteis.
Me sonreísteis.
Mis ojos no soportaron
el peso de tanta felicidad.
Caminé
sin pisar el suelo.
Vuestros susurros
no alcanzaron mis oídos,
pero descifré vuestra intención.
Carraspeasteis.
La tierra parecía estremecerse.
Perdí el equilibrio
y me agarré a una estatua de sueños.
Nadie templó mis silencios
y abatido le lancé al fuego del sol
mi arrebato de locura.

Equinoccio

La perpendicularidad de la luz
palidece la frondosidad de los olmos.
El sol vespertino trepa
por el costado de la montaña
y marca los instantes
ausentes en el reloj.
Atrás deja una sombra ahogada
en la sequía del arroyo.
Ya no es verano,
tampoco es otoño;
ya no es de día,
tampoco es de noche.

Una manada de gorriones
picotea mi ensimismamiento.
El silencio me perfora los tímpanos
y la melancolía me oprime el pecho.
Me arrincono en el desamparo
mientras sigo el vuelo de su adiós.

El vuelo del tren

Mi tren se detuvo
para verte de nuevo,
pero pasaste fugaz.
El guardagujas no respeta
los tiempos del corazón.
En medio de todos nadie había:
solo tu nombre entrecortado
en mis labios.
Una brisa gris
me inunda todos los sentidos
mientras vuelo
en el silbido de los raíles
para encontrarte
en la estación del destino.

Intermedio

Entre las brumas del silencio
un céfiro me acerca
a la sombra de lo que fui
y a los sueños sin aurora.
Aunque ya he vivido más años
del tiempo que me queda,
a veces soy como un viejo niño
y otras
un niño viejo.
Arrepentido
de gran parte de lo que hice
y de casi todo lo que no hice,
me encierro en el viento de la palabra
para confesarle mis secretos
en busca de la tranquilidad necesaria
a la espera del abrazo de la noche.

Las lagunas del olvido

Una nube de olvido
cubre sus turbios recuerdos.
Fondea en lagunas en blanco.
Pierde la mirada
en las olas del mar o, tal vez,
en el infinito de su ausencia.
Sonríe al escuchar
la voz de sus sirenas.
Sus preguntas
rotan sobre sí mismas
sin atender las respuestas.

Sus ojos buscan los míos.
Mis manos
se posan sobre las suyas
y las suyas anidan entre las mías.
Llora en su silencio,
lloro en mi silencio.
Nos abrigamos
al calor de nuestros nombres.
Asiente, suspira.
Ladea la cabeza
sobre la ventana
y duerme sin soltarme.

Después del sol

El tempo de tus manos
y la prisa de tu sonrisa
me zanjaron todas las dudas.

Camino con otros pies
sobre mis pasos
buscándote de nuevo
en la penumbra del sol.

Tras la noche de mis ojos,
entre visillos de silencio,
tu nombre aún parpadea
en el fondo de mi soledad.

Me desmorono,
pero no me arrepiento
de haberte querido.
Lloro las espinas
de tu remoto amor,
arrastro el llanto
en las yemas de los dedos
y en los suspiros del cristal
mis labios besan tu ausencia.

El sudor de la tierra

Los clamores del viento
y el graznar de los cuervos
presagian la llegada de la tempestad.

Me invade la soledad
y la lengua del miedo.

Un puñal de luz
de irregular trazado
hiende el espesor de las nubes.

El vendaval
cimbrea la copa de los árboles
y arrastra los suspiros de la tarde.

La luna y las estrellas
se esconden tras las cenizas.
Solo quedan vestigios de vida
con alma narcótica.

Desde el cielo
alguien llora despiadado
los tormentos de mi alma.

Me apoyo
en el batiente del miedo
a la espera de que escampen
venideras tormentas.

La tierra suda fuego.

El ardor de la noche

Caminé en la palma de tu mirada
hasta el edén de tu cuerpo.
Besé el corazón de tus labios
y volé entre la bruma de tu sigilo.
Desfloramos la noche
y nos embebimos de sangre y almíbar
tras un velo de gemidos.
El rescoldo se volvió a encender
hasta la puerta del amanecer.

La sonrisa de la luna

La luna sonríe mi felicidad
en su crepitante trono
detrás de un encenizado tul.
Su sombra me abraza
por la espalda
y, poco a poco,
me despoja de lo innecesario.
Mi sueño despierta
al encenderse la aurora.

La tormenta

El cielo se vistió de noche
antes de la tarde
y el mar de duelo
antes de la muerte.

Claros de silencio
y contrasilencios
avisan de bravos oleajes.

Aves limícolas picotean
el llanto del espigón.

Allá, muy a lo lejos,
en el límite del todo,
la luz de un barco se bandea
entre suspiros de sal.
El faro de su marinero
sonríe a otros ojos
y el latir de su corazón
le salpica el rostro de miedo.
Repasa su vida
en poco más de un segundo
y, entre lágrimas,
su mirada invoca
a su Virgen de A Barca.

El fogonazo de una mirada
traza el final del destino.

En la arena se alargan
los pasos de su soledad.

Nunca llega
quien no quiere volver.

Nos equivocamos

Ni yo sabía por qué te buscaba,
ni tú por qué te busqué;
pero nos encontramos.
Nos envolvió un invernal abrigo,
yermas sonrisas,
silencios intercalados
en monosilábicos sintagmas.
Tú solo me soltaste lo que suponía,
yo atajé inconfesables rumores.
Tú mirabas la calma de las horas,
yo epicentros acústicos.
Tú tenías prisa,
yo no podía parar.
A ti te esperaban,
yo quería que me esperaran.
Nos alejamos
con un desértico abrazo
hasta reencontrarnos, tal vez,
en las dunas de las antípodas.
Yo no supe para qué te busqué,
pero tú creíste para qué te buscaba.
Nos equivocamos…

La solidez de la noche

La luna se descuelga
en su mirada perdida
y las estrellas se esconden
en el velo de sus labios
hasta espesar la noche.
La oscuridad retumba
en el vacío de sus ánimos.
Entrelaza las manos
a la ausencia de su amado
para encarar la soledad
en las entrañas del insomnio.

Nada era mucho

Nos habíamos deshecho
del ideado *nosotros*
para recalar
en el necesario *yo*.

Arrojamos al mar
la carga de las miradas.
Las olas se detuvieron
a la espera
de la última palabra,
pero ya no quedaba espacio
ni para un adiós.

Nos despidió
la agonía del sol
y me alejé
arrastrando las circunstancias
de los vientos cambiantes.

La oscuridad
aún no había cerrado la noche
y comencé a soñar
con más de lo necesario.

En medio de extraños silencios
escucho voces
que no me llaman.
Unos temblorosos labios
besan tu nombre
en mi boca.

Tropiezo en un nudo de arena
y acaricio lágrimas de sal
en las mejillas.

Sonrío al pasado sinvivir
y al futuro de las estrellas ciegas.
En el espacio vacío,
nada era mucho.

La voz intermedia

A Morín, mi perro

Me envuelve un pesado silencio
en una soleada tarde de estío.
La espuma de la cerveza
rubrica la sed de contar.
Las volutas del humo de un pitillo
me colman de sonrisas.
El vuelo de un poema
trenzado de sentimientos
me surca la sequía de la mirada.
Las gafas me aproximan
a las trivialidades de otro yo.
Morín aúpa las patas sobre la mesa,
lanza un ladrido
y con el morro me empuja la mano
hacia el teclado del ordenador
porque él sabe bien
lo que me queda sin contar.

Las cenizas del sol

El sol arde
en las llamas de la tarde.
El mar revuelto
arrastra sus cenizas
en diamantes de sal.
La luna se viste
de secreto duelo
bajo el palio de la noche.

El marco de mi vida

A mi padre

Tientas tus fuerzas para levantarte y te agarro con el empeño de mis sentidos. Jamás te soltaré, papá. Quiero que la fragilidad de tus pasos siga marcando

mi destino,
tu destino,
nuestro destino…

Tu sol invernal, siempre firme en el ángelus de mi vida y en la luna de mis desvelos, aluza hasta el infinito de mi oscuridad. Inesperadamente me has regalado tu *joyoso* reloj, que, aunque no marca la distancia de las horas, eterniza la inmortalidad de nuestro inquebrantable amor y siempre apuntalará mis destiempos.

Mientras vigilo tus prolongados sueños, me miro en el espejo de tus ojos entornados, me emborracho de tu inefable aroma y suspiro:

solo tú sabes por qué suspiro,
por quién suspiro,
por quién suspiramos.

Agarro tus maduras y esclavizadas manos entre las mías. Tu calor me aproxima el mador a los ojos. Sonríes sin apenas separar los labios, ladeas sutilmente la cabeza, arqueas las cejas y cruzamos un instante las miradas. El marco de tus ojos solo admite el silencio.

Nadie

Antes de ti no había
            nadie,
contigo
            nadie hubo,
te fuiste y
            nadie apareció.
Siempre vacío,
siempre lleno
de nadie.
Atrás dejo la pesada carga
de la espera.
Y sigo huyendo,
tal vez en busca
de nadie.

Sin sombra en el horizonte

El péndulo de tu mirada
oscila entre el suelo y el infinito.
Un nudo en la garganta solo me deja
pronunciar tu nombre a tiempo parcial.
No hay preguntas
para sofocar tanto silencio
ni esperanza de seguir a tu lado.
Suspiro al parpadear de las estrellas.

Se aleja de mí
en el vuelo de las horas perdidas.
Sigo con la mirada
la estela de su nuevo perfume.

Un vacío de tensiones arrítmicas
me sacude los pulsos
en el solitario llanto de la noche.

Miserable

A esa…

Quisiera ver su ego arder
en las llamas de árboles caídos
por sus verbos encendidos
en aquel doloroso atardecer,

que entierren sus cenizas
en barbechada sin balizas
donde nadie hallar pueda
su última morada.

Actitud tan miserable,
de penoso justificar,
abrió una herida irrestañable

de magnitud insondable
tan difícil de perdonar
como imposible de olvidar.

En busca de su felicidad

A la familia Comuñas de O Comeal
por su certera y honda amistad

Con pasos de ángel
me adentré en el recóndito lugar
en procura de sentir un tris
de su anhelada felicidad.

Las arrugas del abandono
agrietaron el paseo de las modistas,
la fuente se ahogó en la sequía,
las telarañas entornaban los ojos
de las moradas sin moradores,
las puertas ya no tenían cerraduras,
las cerraduras no tenían llave
y las campanas de la ermita
oxidaron sus tañidos
en las entrañas de la lejanía.

Me arropaban las sombras
de aquellas sombras,
el eco de sus voces sin palabras,
la tristeza de sus sonrisas perdidas
y la nostalgia de su dicha.

Un vendaval de recuerdos me anegó,
limpié los ojos, miré al cielo y sonreí.

La soledad respondió a mis preguntas
en clave de silencio.

El sol comenzaba a blandear
entre las astillas de la tarde
cuando emprendí el retorno.

Volví la mirada hacia el poniente de la aldea
a ver si me seguía su codiciada felicidad,
pero, tal vez, se fue con ella para siempre
o quedó enterrada en la inexistencia.

La espera

Espérame esta noche, me dijiste.
Musito tu nombre entre suspiros.
La impotencia me late
en los pulsos del retraso.
Tu silencio se dilata
en el tránsito de las horas.

Las llamas de las velas
se ahogaron en mi aflicción.
Las rosas rojas de la alcoba
inclinaron la cabeza
sobre las sábanas de seda.

Me asomé a la ventana.
La oscuridad de la duda
me eleva hasta la ceguera.
Las luces de los coches
se alargan en el asfalto.
En los confines del alba,
apoyados en una farola,
tu cuerpo y otro cuerpo
se comen a besos.
¿¡Dios mío, por qué!?

Adelante

A Olga y Emilio,
ya sabéis el porqué

La invernal tarde de primavera ya se dormía a la sombra de la noche cuando alcancé el alto de O Cebreiro. Me detuve. Asentí. Una fuerte descarga eléctrica me recorrió todo el cuerpo. Exhalé un largo suspiro. Me limpié la frente varias veces y bebí un trago de agua. Sonreí. Acaricié lentamente con la mirada la grisácea rugosidad de la piedra de la iglesia. Al escuchar la llamada al culto de las campanas se me soltaron las lágrimas. Me volví sobre el trecho recorrido. Solo por vivir este momento mereció la pena el sacrificio de subir hasta aquí. Luego miré hacia Laballós. Entreabrí los labios, pero no logré verbalizar el nombre de los míos; solo pude soltar una lengua de aire entrecortada. Caminé hacia el templo; las piedras me estremecían los pasos y aquello que me invadía servía de contrapeso de la mochila. La tenue luz de la iglesia se asomaba a la puerta tras un velo de niebla. El pío pío de Petiño goteaba de las ramas de alguno de los árboles de alrededor. Accedí al templo. La misa ya había finalizado. Las voces gregorianas de un avemaría me redujeron a nada ante la majestuosidad de la nave central. Olía a cera y a templadas lágrimas de ofrenda. Avancé hacia el altar mayor, pero me detuvo la Santa. Me arrodillé ante ella, me santigüé, incliné la cabeza y crucé los brazos sobre el pecho. Poco a poco levanté la cabeza y la miré un instante. Erguí los ojos hacia la cúpula y en el fondo de la penumbra parpadeaba la estrella de mi credo. En el hueco de mis manos entrelazadas sudaban mis intenciones. Nadie escuchó mi primer auxilio ni mi último suspiro. Me desplomé en el suelo. Fray Paco me brindó su aliento y el de la Luz. Resultaba imposible explicarle a alguien, que no fuera mi silencio, aquel entreacto del camino.

IN MEMORIAM

Allí donde el sepulcro que se cierra
abre una eternidad...
¡Todo cuanto los dos hemos callado
lo tenemos que hablar!
Gustavo A. Bécquer

A ver, mañana…

Encaré el estirado pasillo del hospital.
Cada paso era un retroceso
a una latitud vencida para siempre
y un arrimo hacia la muerte,
pero no podía detenerme.
Ella me esperaba abatida en su lecho.

Las agujas del reloj
ya habían vencido
el turno de la noche
y los ángeles vestidos de blanco
le dispensaban el viático sedante.

Las luces bajaron las persianas
y un aire desolador golpeaba impío
en el quicio de sus labios
cual si persiguiera su aliento.
El sillón era mi cama,
a los pies de la suya,
otra noche más.

El blanco del techo
me cegaba de confusión
y mis manos templaban el vacío
de su nombre en mi pecho.

Quisiera no despertar
para no verla agonizar,
pero jamás me perdonaría
no acompañar su agonía.
Recogido en el desasosiego pensé:
A ver mañana…

Aquel trece de julio

A Virtudes, que, sin parirme,
fue una madre (in memoriam)

La encontré sentada en el pretil
cabizbaja y con la mirada procelosa.
Quise arrancarle su pesar,
pero los gemidos cuarteaban su voz
y el candelizo de sus pestañas
lo decía todo
sin decir nada.

El peso de su vida
reposaba en los trazos
de su aguijada
entre el suelo y el vacío.

La tristeza de la tarde
de aquel trece de julio
se alargó hasta que
el temprano madrugar
de un impreciso chirrido
me destempló el corazón.
¿¡Qué pasará!?, pensé.

Al divisar Laballós,
la escarchada brisa del alba
ladeaba el humo de la chimenea
hacia su última morada.
¡Murió…!, solté.
Aunque su vida ya se había ido
con el alma de su madre.

Yacía en su lecho
con el frío semblante
de una rosa dormida.
La besé, la besé para siempre.

La sombra apagada

No sé si te llevaron
o, tal vez, quisiste marcharte
al confín de la eternidad.
Miro tu difunta sombra
desde la memoria del recuerdo.
Mi corazón late a duelo acelerado
en el aliento del sinvivir
y me lanzo al abismo de lo inescrutable
al encuentro de mi existencia.

El espejo azogado

La única tristeza de los espejos es no tener voz.
J. Romero Murube

El iris de sus ojos
se tiñó de duelo
cuando el corazón
le arrancó su querer.

Un tifón de sollozos
barría sus palabras
hasta el túmulo del silencio.

En los párpados le pesaba
el por qué.
Del alero de sus ojos
pendía la lluvia del dolor
y un río descauzado
surcaba sus mejillas
arrastrando esquirlas de hiel.

Un abanico de recuerdos
aventaba sus ilusiones
encerradas para siempre
en su nido desvalido.
En su azogado espejo
besé las aristas del sufrimiento.

Fríamente dormida

No es inmortal el que nunca muere,
sino el que nunca se olvida.
Ruy Vega

Llegó
poco antes de sí misma
en una voraz masa de viento,
entre montañas de dolor
y descorazonados ríos de llanto.

Se movió por las etéreas latitudes de su cuerpo
al ritmo de la sangre
hasta detener sus pasos.

La apresó.

Miradas ciegas de mí,
voces allanadas de silencio,
morada sequía en sus labios:
espejo azogado de muerte.

Te estreché entre mis brazos
para retener tu calor un poco más,
pero ya querías irte,
aunque aún te faltaban
más sacudidas de las deseadas.

Y poco a poco te quedaste
fríamente dormida.

Interconexión

Cruzo el desierto
atronado por las voces de la muerte.
Miro la luz del suelo
hasta su último paso.

Una mano desnuda
sacude gotas de incienso
sobre su rígido silencio.

Nuestra interconexión
congelada en el recuerdo
se deshiela
en el albero de mis ojos.

El misterio vence
el latir del horizonte
y desafío al desamparo
en el vuelo de los ángeles.

Espérame

Poco a poco
comenzaste a cerrar
la última ventana,
como si no quisieras
ver extinguirse tu llama
en el óleo de nuestras manos.
No pude elevar la mirada
más allá de tu boquear.
El mártir redentor
no me escuchó, mamá.
Mis lágrimas y mi voz se cuajaron
ante el espejo de la muerte.
Apoyé la cabeza
en tu sonámbulo pecho
y entre sollozos te susurré:
«Espérame, espérame un poco más».

Eterno

A Roberto Ares (in memoriam)

Llueve
en la oscuridad de tus miedos.
La crecida
te arrastró muy pronto
al abismo de la eternidad.

Una mano vacía
se agarra al vacío
de otra mano
y en su latir
tiemblan las sílabas de tu nombre.

El peso de tu alma
me lamina el aliento
al recordarte,
al recordarnos.

Desde este lado de la luz
siento tu placidez
al reencontrarte
con la sangre de tu sangre
y tu plenitud al saberte inmortal
en el recuerdo de tus ángeles de la guarda
y de todos los que te queremos.

La última lluvia

Llueve
y las ventanas cerradas de aflicción
sostienen el llanto de mi suerte.

Cortinas de negros vientos
formatean la senda de la muerte.

Una luz trémula se aproxima
en busca de lo que se fue.

Llueve
en la urna de sus cenizas
bajo un palio de incienso y salmos.

La estela de tu ausencia

En el universo azulado de mar
y dormido de fulgor
parpadea el brillo de un asterismo
con los instantes que compartimos.

Te miro,
te llamo.
El silencio impera
sobre el silencio.
Tu estela, dolorosamente oscura,
me llena el alma
de nada.
Una cascada de sudor
se detiene
en la palma de mis manos.

Trepo en las alas de las súplicas
por el ciprés de La Anunciada
al encuentro con el inframundo,
pero me ciegan las cenizas del sol.

El último «te quiero»

La encontré
postrada en la cama;
parecía pactar su entrega con lo inevitable.
Aquella artificial e indolora placidez
y su voz inconsistente
deslizándose por sus labios
entre la sonrisa y el vacío
me descolocaron.
Mis labios
encarcelaron un suspiro.
En el silencio ciego
de nuestras miradas
nos leímos los pensamientos:
tú sabías lo que callaba,
yo lo que no podías decir.
No eran necesarias las palabras.

Al despedirte
me apoyé en el espejo de la vida.
Miré la puerta de tu habitación,
exhalé lo encarcelado.
Incliné la cabeza
y mientras tragaba la sequía de la boca,
entre los nubarrones de mi alma,
se me aproximó un corazón de rosas rojas
y en una cinta sin nombre
latía nuestro último «te quiero».

Amén

Caminaremos hasta la odiada y temida muerte
en la que cesará la odiada y temida vida.
Alejandra Pizarnik

El tiempo
ha fragilizado mi cuerpo
y la finitud
me ennegreció el horizonte.
Sé que mi corazón
muy pronto latirá
en el lecho de la muerte.
Ya me he despedido de nadie.

En cuanto llegue el tránsito
me agarraré a la soledad,
templaré mi sed en la agonía,
remelaré los ojos
en busca del equipaje sembrado
en los caminos del viento.

Siento una serenidad infinita
ante el último y frágil suspiro.
Quiero alcanzar cuanto antes
El Castro de la Luz
donde me aguardan
mi madre y mi otra madre
en las entrañas de la suya.

Inmortal

[…] «Estoy muerta.
No abrazas más que un sueño».
Luis Alberto de Cuenca

Ahora que la muerte
nos ha vencido
solo me queda el delirio
de tu permanencia.

Vago entre medios silencios
y manos estrechas de frío
invadido por la orfandad
de la melancolía.

Una cuerda y otra cuerda
me anudan en el pecho
el vacío con tu ausencia.

Comparto con tu sombra
el dolor de tu agonía,
la llama de una vela cósmica,
una flor inmarcesible
y la prisa de reencontrarnos.

Mi soledad
ya solo clama suspiros.

La humedad asombra
la luz de mis ojos.

¡La fe no tuvo remedios!...

Llantos de abril

Madrugué con el despertar
de los maitines de La Anunciada
para sentir
el redoblar de tu ausencia
desde el balcón de la aurora.
La noche aún bosteza
a la sombra de los faroles.
El canto de los gorriones
florece en la copa del ciprés.
La primavera llora
en los primeros pasos de abril
y los últimos suspiros del invierno
ovillan mis sueños con tu nombre
mientras lloro en el imposible
de la espera.

APARTE

¡Del corazón del hombre parten vuelos diarios
hacia el país del sueño y la esperanza!
Emilio Vega

Semblanza interna

Dedicado al poeta Amador Fonfría

Él viene de un lugar donde no existe el odio.
Pertenece a una estirpe de marginados seres
que conocen el riesgo de pensar distinto
de los demás. Y acostumbran, por tanto,
a pagar caro su librepensamiento.
Se declara solvente en cuestión de principios
(aunque estén en desuso en los tiempos que corren).
Y le importa muy poco nadar a contracorriente
cuando está en juego su equilibrio interno.
No acepta imposiciones. Su dignidad le impide
inclinar la cabeza. Y se rebela siempre
ante las injusticias, vengan de donde vengan.
Nunca pelea… Pero tampoco pone
la otra mejilla si alguien le golpea.
Y tiene reservado para los que se creen
superiores a él, junto con su desprecio,
una forzosa voluntad de olvido.
Las puertas de su casa siempre están cerradas
para la intolerancia. Combate a quien practica
el «sutil-arte» de la hipocresía.
Y no otorga amistades a los hombres que tienen
en lugar de corazón un monedero.
Él viene de un lugar donde no existe el odio.

Pero vivió en él… Su aliento le ha rozado
en los breves instantes en que bajó la guardia.
Y lo sabe al acecho, haciendo apología
de su maldad, llevándole a la fuerza
hacia el terrible altar de sus adoradores.
Él viene de un lugar donde no existe el odio.
Pero la fuerza de un ciclón es poca cosa
comparado con él. ¡Su influjo le domina!...
Y comienza a comprender que es imposible
intentar escapar de quienes portan
la semilla del odio como estigma en su frente.

Emilio Vega

EPÍLOGO

Conoce *las entrañas de la lejanía* quien ha amado y se ha entregado al amor sin ningún reparo ni protección, como se entrega el poeta en la primera parte de *Los labios de la noche*, cuyo título no llama a engaño y, muy al contrario, descubre ya desde el inicio su decidida intención, asumir la fugacidad y sus consecuencias. Estamos *De paso* y a veces nos encontramos *a escondidas* y decimos *te quiero*, dejamos que nos atraviese el deseo y en la ausencia susurramos un nombre. Encontramos cierta plenitud, como una inmensidad de meseta sin fin en la que nos recreamos plácidos, *el rescoldo se volvió a encender hasta el amanecer.* Un día nos sorprenden las dudas, nos inquieta pensar si *fui el perfil de tus necesidades, la borrosa perspectiva de tus sueños* y descubrimos *que esa cuña letal comenzó a entreabrir nuestra relación*. Aparecen montañas en el horizonte, la planicie tiene fin y se *quebraron todas las amarras del pasado*. ¡Todas! Y las palabras, como cuchillos, cortan toda posibilidad de reencuentro, *hasta aquí es para siempre.*

La levedad de nuestra existencia y la fragilidad sobre la que se sostienen nuestras emociones están íntimamente unidas, como la primera y la segunda parte de este libro, porque lo finito define nuestras relaciones y nuestras vidas.

Mirar hacia dentro y hacer inventario de daños, cuando la muerte nos sitúa ante el vértigo de la pérdida y el tiempo, que supuestamente todo lo cura, eterniza la ausencia y la imposibilidad del encuentro se agranda, es un parto doloroso de versos que no siempre se escriben, que permanecen como un llanto silencioso en el interior de quienes han amado sin medida y no pueden asumir lo efímero como característica fundamental de lo humano. Esta es la esencia de *In memoriam*, segunda parte del libro.

Lejos de buscar un consuelo que no existe, Amador explora el contexto de los hechos, quizás para no olvidar el último gesto, la última palabra, el último contacto entre dos personas que intentan decirse adiós por primera vez, que nunca antes se despidieron realmente, y que son golpeadas por el presente con una intensidad que trastorna al que, impotente, contempla cómo la muerte se hace dueña del más preciado tesoro, de la amiga, de la compañera, de la amante, de quien, fuese cual fuese la relación, ha significado tanto y es irremplazable.

Admiro y agradezco el realismo de los versos, la capacidad del autor para lograr que los sucesos descritos se apoderen de mi ánimo, haciéndome comprender que el ego no es el principal templo a cuidar, que no puedo perder ni un solo día en banalidades y que lo urgente es escuchar, acompañar y abrazar a quienes un día no podré tener, y solamente *en el universo azulado de mar y dormido de fulgor* quede el recuerdo imborrable de cierta forma de amor.

Este es el epílogo de un libro que nos desengaña y que nos recuerda que el amor puede habitarnos hasta hacer suyo nuestro interior, conquistando un territorio fértil y frágil, un ecosistema ávido de esas raíces que el sentimiento y la entrega tejen de tal forma que arrancarlas será morir, aunque se mantengan las constantes vitales. El poeta nos anima a asumir ese riesgo, de lo contrario no sentiremos arder el cuerpo de deseo ni germinarán las simientes del alma. Nos recuerda que «hoy» es el último día en el que es posible hacer aquello que no queremos dejar pendiente. Una obra poética dotada de una voz fuerte y clara que plantea algunas preguntas incómodas que nos obligan a reflexionar y, sobre todo, a afrontar la realidad de la existencia. Versos meditados, por ello medidos y de naturaleza directa, que apuntan con precisión a un camino poético, heredero de Rimbaud o de Whitman en el concepto, por la ausencia de un patrón métrico y de rima, que se dirige al análisis de la frontera que une o separa la inteligencia y la emoción. Un reto que consigue superar desnudando la verdad y las preguntas, sin esconderlas bajo el manto de las creencias dogmáticas.

Los labios de la noche es un poemario maduro, no por ello el culmen, porque Amador Fonfría se revela como un poeta con capacidad para generar imágenes potentes que nos ayudan a visualizar al ser humano en su compleja realidad, temporal y atemporal, y que dará a luz versos que serán un retrato del individuo y de la sociedad de este siglo. Es, sin duda, un poeta a seguir, un humilde y honesto escritor que no hace trampas al juntar letras, que crea desde la subjetividad, claro, pero con un encomiable respeto por la realidad y por el lector. No vende humo y, mientras se hace a sí mismo un fiable observador del hecho humano y nos regala ese conocimiento, sus lectores aprendemos con él de la vida y de la literatura. Sé que nunca será bastante, nunca sabremos lo necesario para decidir con acierto, sé que el dolor puede ser tan intenso que nos torture, pero es el riesgo que asume quien quiere amar y entregarse a la belleza como criterio a seguir en un cruce de caminos, y creo que esa es mi reflexión final, acabada la lectura, a la que volveré. Habrá dolor, pero no tendré miedo, porque perdería el placer del viaje.

Manuel Vázquez

AGRADECIMIENTOS

A Ruy Vega, José Carlos Martínez, Mabel Núñez, Manuel Vázquez y Emilio Vega por dejar su impronta en *Los labios de la noche.*

Gracias, amigos.

Índice

IN MEMORIAM

APARTE

Este libro se terminó de editar en Granada
en enero de 2026 por

Aliarediciones

www.aliarediciones.es
info@aliarediciones.es